KB013693

빛깔있는 책들 101-12

한국의 춤

글/김매자 ● 사진/조대형

대원사

김매자

12세에 민속연구소에 입문하여 창극을 배운 것을 계기로 한국전통무용에 몸담게 되었고, 여러 인간문화재로부터 승무, 살풀이, 궁중 무용 등을 사사받았다. 이화여대를 졸업하고 경희대학 대학원 한국무용과에서 석사 학위를 취득하였으며, 뉴욕 대학에서 박사 과정을 이수하였고 이화여자대학교 무용과 교수로 재직했다. 1985년에 '꽃신' 1987년에 '춤본' 등을 발표한 것을 비롯하여 '88서울 올림픽 폐회식에서 '떠나는 배'의 총괄 안무를 맡았다.

조대형

중앙대학교 예술대학 사진학과를 졸업하였다. 1982년부터 1984년까지 '예연 스튜디오'에서 일하였고 1984년부터 현재까지 「월간 객석」 사진부 기자로 일하고 있다. 작품전으로 1987년에 '공연예술 사진 3인전'을 가졌다.

한국의 춤

한국의 춤

한국 춤의 발달

춤은 예술의 어머니라 일컬을 만큼 예부터 오늘날까지 인간 생활과 함께 연출된 예술이다.

우리 민족은 예술적 자질을 타고난 민족으로서 춤을 좋아하였다. 「삼국지」에는 "독창적인 예술 활동을 영위하여 창조적 능력이 탁월하다"라고 하였으며 「주례춘관주」에는 "이 땅의 무악은 새로운 양기를 솟게 하는 예술"이라고 하였다.

이같이 가무(歌舞)를 즐기는 심성은 오늘까지 연연히 이어져 한국 춤의 발판이 되고 있다.

부족국가시대

한국 춤의 기원은 부족국가시대의 제천 의식인 고구려의 동맹(東盟), 부여의 영고(迎鼓), 예의 무천(舞天)이다. 모든 춤의 발생이 그러하듯 한국의 춤도 고대 사회의 신앙 의식이나 생활 전반에 그 발생 기원을 둔 것이다.

문헌에 의하면 북쪽에 자리잡은 부여는 '영고'라 하여 천신(天神)에게 제사를 지냈다. 제천 의식을 치를 때에는 음주(飮酒)와 가무가 끊이지 않았으며 감옥에 있던 죄인들을 석방시켰다. 고구려에서도 '동맹'이라 하여 10월에 제천 대회를 열었는데 사직영성(社稷零星)을 모시고 밤 늦게까지 남녀가 무리를 지어 가무를 즐겼으며, 예에서도 '무천'이라 하여 10월에 제천 의식을 행하고 연일 가무로 즐겼다. 마한에서도 5월 씨뿌리기가 끝났을 때와 10월 추수가 끝났을 때 신에게 제사를 지냈는데, 밤낮을 쉬지 않고 수십 명이 일제히 장단에 맞추어 춤을 추었다.

이와 같이 상고시대에 펼쳐지던 행사는 온 마을 사람들이 한데 모여 노래와 춤과 술로 즐기며 밤낮을 계속하는 집단적인 의식으로 마치 굿의 모습을 방불케 한다.

이러한 제천 의식은 음악, 노래와 춤이 함께 어우러진 원시 종합 예술로서 집단적인 형태를 띠고 있다. 이 제전은 하늘과 신을 즐겁게 하여 그 해의 추수를 감사하며 오는 해의 풍작을 기원하는 것이었다. 이러한 행사에서 사람들은 서로 손을 잡고 한데 어우러져 춤을 출 때 감흥과 감격을 느꼈을 것이다. 또한 춤의 황홀경 속에서 절대자를 맞는 기쁨을 가졌을 것이다. 여기서 그들은 일상 생활의 단조로움이나 냉혹한 현실에서 벗어나 부족을 단결시키는 신비로운 친화력을 느낄 수 있었다. 여기서 연출하는 가무는 신을 즐겁게 하기 위하여 각자가 자유롭게 행하는 소박한 것이었다. 이러한 것들은 무용의 원초적 시발일 뿐 다른 사람에게 보이고 즐겁게 하기 위한 것은 아니었다.

부족국가시대 제천 의식에서의 춤은 온 국민이 모여서 모든 사람이 신과 하나가 됨으로써 개인 사이의 화합, 그 부족들의 단결과 안녕, 질서를 유지하는 데 중추적인 역할을 했으며, 우리 민족의 문화와 예술을 발전시키는 요인의 하나가 되었다.

삼국시대

삼국시대에 들어와 부족장은 중앙 귀족으로 대두하고, 왕권은 절대 왕권으로 바뀜에 따라 귀족과 천민의 계급이 뚜렷하게 구분되었다.

이렇게 성립된 절대 왕권을 확립하기 위해서는 피지배자를 통치하는 권력이 필요함은 당연한 일이었다. 그리하여 피지배자에게 군왕에 대한 절대 복종과 충성심을 불어넣기 위한 수단으로 예술이 사용되었고 춤도 이에 따라 발달되었다.

고구려

고구려는 대륙과 인접한 관계로 일찍부터 대륙 문화를 접할 수 있는 기회가 많았다. 삼국 가운데 가장 먼저 불교를 받아들여 불교 예술을 창조하였으며 중국의 남북조 문화를 자기 것으로 소화, 수용시켜서 나름대로의 독특한 예술을 창조했다. 서역으로부터는 오현(五絃)과 피리 같은 악기를 받아들였고 고려악이란 훌륭한 악(樂)으로 대규모의 가무로 편성하여, 고구려인의 강건한 기질과 강력한 국력을 과시하는 발랄하고 직선적이며 동적인 춤을 만들어냈다.

각저총, 무용총, 수렵총, 동수묘 등의 벽화에서 무용가와 음악인의 생생한 표현으로 고구려인의 생동하는 기개를 느낄 수 있을 뿐만 아니라 이때 이미 무용과 음악이 독립되어 있음을 알 수 있다. 특히 동수묘의 후실(後室) 벽화에서 동그란 무늬의 수건을 쓰고 머리를 숙이고 있는 유달리 콧대가 큰 인물의 모습이나, X자 다리에 손바닥을 꼬며 춤을 추고 있는 사람 등은 서역 계통의 무용수로 당시에 이미 서역 무용수와의 교류가 있었던 것으로 짐작된다.

10쪽 위, 아래 사진

춤의 종류로는 조용하고 섬세한 춤으로 지서무(芝栖舞), 커다란 공 위에 올라서서 발을 굴리며 춤을 추는 곡예적이며 활달하고 폭이

무용총 벽화 고구려는 고구려인의 강건한 기질과 강력한 국력을 과시하는 발랄하고 직선적이며 동적인 춤을 만들어냈다.(위)
안악 3호분 벽화 뿔나팔과 같은 악기를 연주하는 악인의 모습이다.(아래)

10 한국 춤의 발달

큰 호선무(胡旋舞)가 있다. 그 밖에도 활달하고 남성적인 고구려무가 있었다.

이 춤들은 강건하고 기강 있는 춤으로 고구려의 국민성을 나타낸 것이다. 특히 고구려무는 조선 후기 순조 때 효명세자에 의해 정재(呈才)로서 다시 연희되어 현재까지 궁중 무용으로 남아 있지만 춤사위나 형태에서 고구려시대의 것과는 달리 많은 변화를 보였을 것으로 생각된다.

백제

백제는 경기, 충청, 전라도 지역의 총 54개 부족 국가를 통합한 다음 중국과의 문화 교류를 하였다. 또한 일본에 악사(樂師)를 파견하는 등 문화의 전파에서도 개방적인 국가로서 삼국 가운데 문화 예술이 가장 발달하였다.

특히 6세기 초에는 "남중국 오(吳)나라의 기악무를 미마지가 일본에 전했다"는 기록이 있다. 기악무는 부처님 공양을 위한 가무의 일종으로 마임(mime)과 유사한 가면 묵희(黙戲)이며 희극적인 요소를 지닌 것(笑劇)이다. 그 내용과 형태는 남아 있지 않지만 일본 전통 무용의 한 종류로 전해지며, 산대도감놀이의 전신으로 알려져 있다.

이것은 처음부터 불교 전파를 위해 만들어졌다. 당시 수행자들이 고승으로 인정받기 위해서는 악무를 교양으로 몸에 익히는 것도 필요하였으므로 불교악으로서 기악무의 중요성을 충분히 짐작할 수 있다. 이것은 일본으로 건너가 귀족 자제들에 의해 전파된 고급 예술이라는 점에서 상민에 의해 발생된 탈춤과 내용을 달리한다.

백제악은 고구려악이나 신라악처럼 그 종목이 많이 전하지는 않으나 서역 전래의 산악백희(散樂百戲)의 영향을 입어 그 악무(樂舞)가 성하였다.

신라

신라는 진한(辰韓) 12국 가운데 하나인 사로(斯盧)가 중심이 되어 이룩한 나라로 초기에는 중추절을 맞아 '회소곡(會蘇曲)'이라는 집단 가무로 흥겹게 춤을 추었다. 여자들이 두 패로 나뉘어 삼실 뽑기 내기를 하여 진 편이 이긴 편을 축하하고 음식을 내어 가무로 즐겁게 놀았던 것이다. 일종의 여자 두레의 기원으로 길쌈 경기와 품앗이를 하는 유풍이었다.

또 「고려사」 악지 '삼국 속악조'에 신라의 가악(歌樂)으로 6종을 들고 있고, 「문헌비고」 속악부에는 신라악으로 30여 종을 들고 있어 신라가 7세기 후반에 삼국을 통일한 뒤 가야, 백제, 고구려 등 이전 가무악(歌舞樂)을 집대성했음을 알 수 있다.

「삼국사기」의 기록을 통하여 확인된 춤의 종류로는 하신열무, 사내무, 상신열무, 소경무, 사내금무 등이다. 이들은 주로 가야금 반주에 의하여 궁중에서 추어졌을 뿐만 아니라 모두 가야금, 노래, 춤의 종합적인 예술로 연희(演戲)되었다.

또한 노래는 없고 가야금과 춤만으로 연희된 한기무, 미지무, 대금무 등이 있는데, 이때 이미 금척(금자비 ; 가얏고잡이), 무척(무용수), 가척(가수) 등으로 세분되어서 예술이 분화, 발전하였음을 보여 준다.

16쪽 사진 그 종류로는 검무, 처용무, 무애무, 상염무와 '신라오기(新羅五伎)'로 부르는 잡희가 성행하였다.

'신라오기'는 우리나라 최초의 가면무로서 다섯 가지 가면 무용을 가리키는 것이다. 이 무용은 신라 고유의 것이 아닌 서역 계통 음악의 영향을 받은 것으로 일반인에게 친숙해져 향토적으로 동화된 놀이이다.

여기에는 금환(金丸), 월전(月顚), 대면(大面), 속독(束毒), 산예(狻猊)가 있다. 금환은 춤이라기보다는 곡예의 일종으로서 공연이 시작되기 전에 관중들의 관심을 모으기 위한 것이었으며, 월전은 서역 우진국의 춤으로, 술에 취하여 추는 호인무(胡人舞)이다. 대면은 금색 가면을 쓰고 나쁜 귀신을 물리치는 샤만(shaman)무용이며, 속독은 서역 지방에서 전래된 건무(健舞)로서 남빛 가면을 쓰고 춤을 추며, 산예 역시 서역계의 사자춤으로 북청사자놀음이나 봉산탈춤에 그 흔적이 남아 있다. 금환은 4, 5세기 무렵의 고구려 벽화에 그 그림이 남아 있으나 대면과 속독은 전하지 않는다.

통일신라시대

삼국을 통일한 신라는 고구려, 백제의 예술을 수용하고 당나라와 교류하였다. 불교 예술이 예술의 중심을 이루었고 악기도 풍부해져 삼현(가야금, 거문고, 비파), 삼죽(대금, 중금, 소금)과 박판, 북, 해금, 장구, 피리 등 관현악 반주에 맞춰 춤을 추었다.

신라의 춤은 통일 이전에는 여러 가지 놀이로서 이루어졌으나 통일 뒤에는 용신(龍神)에게 제사 지낼 때 추던 호방한 남성의 성격을 표출한 처용무를 비롯하여, 남산신(南山神)의 형상을 드러낸 상염무 등 모두가 국가를 보호하는 신에 대한 춤이 그 주류를 이루었다. 이것은 신라 헌강왕 때 끊임없이 잇달아 일어나는 지역 도민들의 반란을 진압하기 위해 왕이 직접 행차하여 제사를 지내야만 했던 당시의 절실한 상황에서 연유된 것이다.

특히 이 처용무는 고려시대 민간 잡희인 산대잡극에서 중요시된 춤 가운데 하나일뿐 아니라 우리나라 최초의 극시적 형식을 보여 준 것이다. 17쪽 사진

그 밖에 지금까지 현존하는 춤으로 검무, 사선무, 선유락 등을 들수 있다. 14, 15쪽 사진

선유락 향악 정재이다. 곱게 단장한 채선(彩船)을 준비해 놓고 여러 무원들이 나누어 서서 배가 가는 모양을 하며 뱃줄을 끌고 이선가와 어부가를 노래하며 춤춘다.

검무   일명 검기무, 황창무라고 한다. 초기 검무는 동자가 추는 가면무였으나 조선시대
에 궁중 정재로 연회되면서 여기(女妓)들이 가면 없이 추었다.
　요즘은 무원 4명이 전립, 전복, 전대를 착용하고 검기를 든다. 무태는 무무의 살벌한
기운은 없고 부드러운 동작으로 일관한다.

처용무 기원을 신라시대에 두지만 조선시대에 궁중나례와 연례에 처용면을 쓰고 추는 춤이다. 유일하게 전하는 가면 정재무로 괴이, 호방한 일종의 무극이다.

고려시대

고려시대에는 당악 정재(唐樂呈才)가 수입되었다. 당악무는 당악에 맞추어서 송나라 '사(詞)'를 노래하면서 춤을 추는 것으로 헌선도, 수연장, 오양선, 포구악, 연화대, 석노교, 곡파 등 7종으로 대곡들이다.

7종의 대곡들은 모두 군왕을 축수하는 것이어서 문학적 가치는 적으나 중국 가무희의 고형과 희유(稀有)한 사조(詞調)에 의한 가사가 보존되어 있어 특수한 가치를 지녔고, 석노교, 곡파는 상연 절차가 생략되어 없고, 나머지 5종의 가무희는 개시와 종결을 알리는 치어(致語)와 구호가 있다.

정재의 최초 기록은 고려 문종 때(1073년)이며 인종, 의종 때에 군왕의 향락(享樂)으로 교방을 설치하고, 양수척(楊水尺;유랑민의 한 무리)들을 선발해서 무희로 만들어 국가의 경사 때나 외빈의 접대에 의례적으로 공연케 하면서부터 궁중 무용이 시작되었다. 이 가운데 초영이라는 교방 여제자가 55인으로 구성된 무희들과 함께 춤을 만들었는데 '군왕만세' 또는 '천하태평'이라는 네 글자를 만들어 궁중에서 상연한 것이 정재의 최초 기록이다.

고려 후기 충렬왕, 충선왕 때 유교 철학과 성리학을 받아들이면서 예악(禮樂) 사상을 중시하게 되었다. 이 시대의 음악은 전통적인 무속 의식과 불교 행사에 영향을 받은 전통적 향악과 외래 음악인 아악, 당악의 삼부악으로 크게 나뉘어 발전되었는데, 특히 거국적인 행사인 팔관회와 연등회에서 많이 연주되었다.

연등회는 불교 의식의 일종이고 팔관회는 천령(天靈), 오옥(五獄), 명산대천, 용신에게 제사 지내는 무속 의식인데, 고려 중기 이후에는 제사 의식보다 가무백희에 치중하여 원래 목적을 상실한 듯하다. 그러나 이때에 서역 및 여러 나라의 잡기가 많이 흡수되었

은율탈춤 고려시대의 연등회에서는 여러 가지 재주가 담겨
진 가무백희가 있었다고 한다. 이러한 가무백희의 원형은
남사당패들의 여러 재주와 꼭두각시놀음 등으로 전하고
있다. 사진은 무형문화재 제61호인 은율탈춤의 제3과장의
팔목중 춤이다.

는데 그것들이 국가의 경사에 상연되었고 이것이 조선시대까지
내려왔다. 이 행사에서는 여러 가지 재주가 담겨진 가무백희가 있었
다고 하며, 지금은 남사당패들의 죽(竹)방울놀리기, 장대타기, 줄타
기, 땅재주, 사발돌리기, 광대탈, 꼭두각시놀음 등으로 전하고 있
다.

조선시대

조선 왕조가 건국되자 숭유배불 정책으로 정치, 사회, 문화 등이 모두 유교 사상으로 전환되었다. 지배층인 관료 계급으로부터 천민에 이르기까지 온 계층에 유교 도덕을 보급하기 위하여 많은 윤리 서적이 간행되었다. 이러한 결과로 도덕성 곧 충(忠), 예(禮) 등이 강조되었다.

또한 세종시대에는 훈민정음이 창제, 금속활자가 주조되었으며 건축, 회화, 공예가 발달되었다.

태평무 태평무는 무속 장단에 맞추어 궁중 복식을 갖추고 태평성대를 나타내는 우아하고 화려한 민속춤이다. 한영숙 씨.

연산군 이후 많은 사화와 당쟁을 겪게 되어 문화는 점점 쇠퇴하고 또한 외세의 침입으로 많은 손실을 입게 되었으나 후대로 오면서 영조에서 순조에 이르기까지 많은 춤이 창제됨으로써 조선은 궁중 무용의 전성기였다고 볼 수 있다.

조선시대의 춤은 한마디로 말해서 유교풍이 내포된 궁중 무용이 주를 이루었으며, 그것은 개국의 창업을 칭송하고 왕조의 권위를 과시하는 수단이 되었다. 따라서 개인과 사회, 집단과 집단 사이의 유대를 강화하고 기본 질서를 유지하고자 하는 당시의 가치관을 춤으로 표현한 것이라고 할 수 있다.

태평무 한성준 씨로부터 전래되어 온 태평무를 강선영 씨 특유의 춤사위로 무속 장단에 맞추어 새로이 재구성한 태평무로 중요무형문화재 제92호로 지정되었다.

신무용 시대

1910년 한일합방으로 나라의 모든 제도가 바뀌어지자 악원 제도(樂院制度)와 여악 제도(女樂制度)가 폐지되었다. 그리하여 왕실에 예속되어 무용을 맡았던 여령(女伶)과 무동(舞童) 들도 해산하여 일부는 민간 단체에 흡수되어 후진을 양성하거나 또 직접 무대에서 활동하기도 하였다.

따라서 궁중에서 상류층을 위해서 존재했던 궁중 무용이 민간 무용과 한 무대에서 관중과 만나게 되었는데 이 시기를 신무용기라 한다.

이 시기는 모든 무용 곧 궁중 무용까지도 연희의 대상이 특정 계층이 아닌 일반인을 위한 무용으로 탈바꿈하는 시기이기도 하다. 또 일본을 비롯한 서구와 대륙을 통해 들어오기 시작한 외국 무용은 해방 뒤 한국의 현대 무용과 외국 무용 부문의 모체 역할을 하여 비로소 이 시대에 창작 무용이 시작되었다.

창작 무용의 유형으로는 한국 전통의 소재와 춤사위를 이용하되

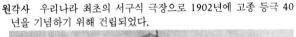

원각사 우리나라 최초의 서구식 극장으로 1902년에 고종 등극 40년을 기념하기 위해 건립되었다.

한성준 씨 산재해 있던 우리 춤을 집대성
하여 민속 무용을 예술의 경지로 끌어
올렸다. 무용 문화의 전통 계승 의미를
실천적으로 일깨운 인물이다.

무용의 진행에서 서구식 전개 방법을 도입하거나 서구 양식을 섞어
서 펼치는 것들로서 이같은 무용들을 통칭하여 신무용이라고 한
다.

　이 신무용은 1920년경 최초의 극장인 원각사가 건립됨에 따라 22쪽 사진
넓은 마당이나 대청에서 추던 민속 무용이 현대적 개념의 무대에서
추어지게 되었다.

　이러한 신무용 시대에 활동했던 무용가들 가운데 당시 민속 무용

조택원 씨(왼쪽)와 한성준 씨(오른쪽)

의 주역으로는 한성준이 활약했다. 그는 무용만을 전문으로 가르치는 '조선 무용 연구소'를 1934년에 열어 1938년에 원각사 무대를 시발점으로 하여 1941년까지 4여 년 동안 민속 무용을 공연함으로써 세련되고 틀이 잡힌 민속 무용을 이룩하였다. 한국의 신무용을 전통적이고도 민중적인 바탕에서 출발한 그는 전통적인 민속 무용을 잘 다듬어진 예술 차원으로 이끌어낸 공헌자이다. 한편 민속 무용을 상층 지향적인 궁중 무용의 한 줄기로 삼음으로써 오늘날 전통적 민속 무용이 역동성을 갖지 못하는 한계를 긋는 역할을 하기 도했다.

20, 21쪽 사진 그의 수제자들로 장홍심, 강선영, 그의 손녀인 한영숙 씨 등이 있다. 이들은 신무용 시대와 현대를 연계시키는 중간 세대라고 할 수 있다.

만종 조택원 씨와 박외선 씨의 2인무이다. 이 작품은 김생려와 조택원이 공동으로 쇼팽의 피아노곡을 엘만이 바이올린곡으로 변주한 곡에 창작한 것이다.

배구자 무용단의 공연 배구자 무용단은 우리나라 최초의 무용연구소이다. 연구소에 다니는 연구생들의 무용발표회 모습이다.

또한 이 시기에는 1926년에 석정막의 내한 공연으로 일반 국민들의 춤에 대한 인식과 감정이 달라졌다. 이때부터 무용계에서는 민속무에서 예술적인 활로를 찾으려는 몸부림으로 전개되었지만 한국적 삶의 표현으로는 부족한 감이 없지 않았다.

25쪽 사진   당시 활약한 무용가로는 배구자, 최승희, 조택원 등이 있었다. 이들은 우리나라에 서양식 신무용의 씨를 뿌린 선구자였다. 고유한 민족 무용의 창작을 시도하였으며 동시에 서양 무용의 테두리 안에서도 한국적인 취향의 다양한 소재를 선택하여 한국 무용의 좋은 인상을 외국인에게 소개하였다. 이들은 우리 춤의 독자적인 개성과 정적인 소재의 작품을 가지려고 노력한 공헌자들이었다.

우리의 전통 의식은 일제의 식민지 통치로 퇴화하여 광복 이후에도 계속 사회 표면에는 부각하지 못했다. 더욱이 서양 문물을 일찍 받아들여 근대화를 이룩한 일제의 문화 혁신의 여파를 타고 우리의 일부 지식인들도 서양화를 무비판적으로 받아들여 서구화의 조류에 이념적으로 대항할 수 있는 내실을 갖추지 못했다.

일제 때의 우리 무용은 이념적으로나 기법상으로도 외래의 것을 수용하여 비판, 소화할 수 있는 기반을 갖추지 못하였다. 광복 뒤에도 급격히 밀어닥친 구미(歐美) 문화 사상의 유입으로 여전히 전통 의식이 퇴조하여 한국 무용계는 몰전통(没傳統)의 무용관에 사로잡혀온 느낌이다.

1960년대 이후

일제의 식민지 통치로 인하여 전통 의식이 제대로 개화되지 못한 채 6·25 등을 겪었던 무용계는 우리 것을 제대로 찾아내지 못하고 노력만 할 뿐이었다. 이러한 어려움에 처해 있던 한국의 무용계가 차츰 민족 의식의 길로 돌아서게 된 시기는, 1960년 한국학의 대두와 주체성 찾기 운동에서 민족 의식 재건의 기운이 여러 분야에서 활성화되고부터라고 할 수 있다.

이 시기의 대표적인 무용가들로는 송범, 임성남 등으로 각기 발레단을 가지고 발표회를 가짐으로써 우리나라 발레계의 가능성과 능력을 일깨워 준 기점을 마련하였다. 한국 무용에서는 민족 무용의

님이시여 우리 민족을 학에 비유하여 민족의 수난사를 표현한 작품이다. 김말애 안무, 1988년, 한국무용제전, 문예회관 대극장.

비단길 70년대 말부터 시작된 '대한민국 무용제'는 무용계의 성장에 놀랄 만한 기폭제 역할을 담당하였다. 사진은 오랜 세월의 아픔과 인고 속에서 은근과 끈기로 이어 온 한국 문화의 모태를 피라미드 구조의 무대 형상으로 표현한 작품이다. 김매자 안무, 1977년, 국립극장 대극장.

輝 대한민국 무용제를 통한 남성 무용수의 등용과 집단적인 공연을 통하여 창작 춤 운동이 일어나 춤의 위상이 상당히 달라졌다. 정재만 안무, 문예회관 대극장.

전통적 계승자로서 김천홍이 1960년 '처용랑'이라는 작품으로 서울시 문화상을 받게 되면서 한국 고유의 문화를 제도적으로 육성, 보호하기 시작하였고 이때부터 무용계의 창작 활동이 활성화되기 시작했다.

이 시기에는 미래 지향적인 창작 활동이 점차 일어나기 시작하여 전통의 현대화를 부르짖었다. 그러나 무용인이 의식적으로 받아들이려고 했던 것은 다만 상층적이고 귀족적인 무용 전통에 불과했으며, 고급 관중의 취향에 맞는 고급 예술 성향만을 지닌 것이었다. 이같은 의식은 1970년 중반까지 계속되어 왔으나 1970년 말부터 차츰 경향이 달라지기 시작했다. 젊은 무용학도들이 춤을 이론적인 학문으로 정립하고 이를 다시 예술 창조의 세계에서 현대적으로 수용하는 작업을 해낸 것이다.

28쪽 사진

어디만치 왔니 '제의'라는 주제 아래 개인의 삶을 표현한 작품이다. 이렇듯 삶의 이야기를 진솔하게 표현하는 춤의 경향이 80년대 중반에 크게 일어 자신의 예술 세계를 구축하는 개성적인 무용 예술이 형성되었다. 창무회, 김영희 안무, 제4회 한국무용제전 참가작, 문예회관 대극장.

또 70년대 말부터 시작된 '대한민국 무용제'는 무용계의 성장에 놀랄 만한 기폭제 역할을 담당하였다. 이러한 무용제를 통한 많은 여러 단체가 참여하여 서로를 알리는 계기로 삼을 뿐만 아니라 남성 무용수의 등용과 집단적인 공연을 통하여 창작 춤 운동이 일어나 춤의 위상이 상당히 달라졌다.

29쪽 사진

31쪽 사진

한편 정치 사회의 변동에 따른 갈등이 민중의 의식을 일깨우면서 삶의 이야기를 진솔하게 표현하는 춤의 경향이 80년대 중반으로 이어져 자신의 예술 세계를 구축하는 개성적인 무용 예술이 형성되었다. 이에 따라 80년대 후반기에는 한국의 사회와 현실을 비판하는, 강력한 호소를 담고 있는 민중 춤들이 시도되었다.

시대적으로 변화하여 온 춤에 대한 인식을 살펴보면, 상고시대와

활(闊) 정치 사회의 변동에 따른 갈등이 민중 의식을 일깨우면서 80년대 후반기에는 한국의 사회와 현실을 부합시켜 생활을 표현한 춤이 시도되는 경향이 많았다. 사진은 일, 삶, 춤이라는 주제를 광활하고 거침없는 바다의 이미지와 부합시켜 표현한 작품이다. 창무회, 강미리 안무, 제5회 한국무용제전 참가작, 문예회관 대극장.

부족국가시대에는 생활과 삶에 대한 하나의 방편이었으며, 귀족이나 평민의 구분이 없이 신에게 기구하는 춤을 추었다.

삼국시대에 와서는 상류층에서는 자기 자신이 춤추거나 노래 부르는 것에 상당한 관심을 가졌다. 화랑들이 산천 경계를 찾으면서 풍류를 즐기고 수련을 쌓아온 것이나 고승(高僧)일수록 가무를 습득해야 높이 평가를 받았던 것이 그 좋은 예이다. 그 결과 신라시대의 화랑이나 왕이 직접 추었다는 사선무, 상염무, 원효가 추었다는 무애무와 백제시대의 기악무가 이 시대의 작품으로 나타났다.

이런 과정에서 춤의 일차적인 기능인 노동의 어려움을 극복하기 위해 노동하면서 춤을 추는 생활상의 기능은 없어지고 상층 문화로서의 춤이 나타난 것이다.

승전무 정재는 궁중의 향연이나 국빈을 위한 연회 또는 나라의 경사 때 추어졌기 때문에, 대부분 왕실의 존엄과 위엄을 찬양하는 내용이다. 화려한 무복과 도구로써 우아한 음악에 맞추어 장엄한 춤사위로 충(忠)과 예(禮)를 예술적으로 표현한다.

오방 처용무 문헌에 의하면 처용무는 처음에는 1인무로 추었으나 차차 5인에 의해 이루어지는 오방 처용무로 확대되었다. 오방 처용무는 음양오행의 상징으로 청, 홍, 황, 백, 흑이 모두 자기가 맡은 방위를 지키고 또 빈틈을 노려 침입할지도 모르는 잡귀를 감시하는 구성으로 마주 보거나 등을 대는 동작이 주류를 이룬다. 중요무형문화재 제39호.(위, 뒤)

궁중 무용의 특성

궁중 무용은 유학(儒學) 곧 공자의 예악 사상을 바탕으로 이루어졌다. 신라 때부터 들어온 유학은 공자의 문례(文禮) 곧 예(禮), 악(樂), 사(射), 어(御), 서(書) 가운데 예와 악을 중심으로 엮었으며 악론(樂論)은 「논어(論語)」「시경(詩經)」 등 유교 경전에 부분적으로 기술되어 있다.

이 악론은 동양의 대표적인 음악 철학으로 발전되었으며, 우리나라가 봉건 사회로 접어들면서 점차 유학이 정치 이념으로 굳어짐에 따라 유교의 정치관과 윤리관의 테두리 안에서 무용이 발달되었다. 특히 윤리관의 한 부분인 예와 결부되어 우리 전통 춤의 사상적 바탕이 이루어졌다.

따라서 궁중 무용은 개인과 사회 안의 여러 집단 사이의 유대를 강화하고 기본 질서를 유지하려는 목적을 지닌 당시의 현실을 동작으로 표현하는 활동의 산물(産物)로, 곧 실용성의 의미가 결부된 춤으로 형성되기에 이르렀다.

궁중 무용은 당시 무용가들이 의식적이든 무의식적이든 '군왕만세' '천하태평' 등의 은유로 사실성을 희생시키고 추상적인 형태로 창작함으로써 종교적인, 곧 유교적인 색채가 내포되어 있다. 이러한 추상적인 경향은 종교적 감정에서 출발되어 양식화된 조화로운 춤으로 형성되었다.

또한 궁중 무용은 절제된 동작의 미를 추구하며 선(線)을 중요시한다. 따라서 어느 순간에 절묘하게 동(動) 속에 단절의 정(靜)을 살리는, 곧 동을 잉태한 정을 원한다.

52, 53쪽 사진

엄숙한 분위기에서 추어짐에 따라 무용의 율동 자체가 유현한 정신과 무한한 시간의 흐름 속으로 몰입되는 평안과 고요를 느끼게 한다. 그러면서 질서에 의한 예술 행위 곧 도덕적 행위를 중요시한다.

이것은 선(善)의 의지, 인간 내면의 미의식을 객관적으로 표현하

는 행위로서 도덕의 한 양상을 은근히 표현한다. 이러한 표현 행위
는 주로 국가의 안녕과 군왕의 만수를 기리는 내용을 미적으로 조화
시켜 국빈에 대해 국위를 선양하고 질서의 원리를 윤리와 덕(德)
으로 조화시키고 있다.

또 「시경」에서 말한 극기로써 예를 행하는 인(仁)을 앞세워 윤리
적 정신을 강조하였고, 천리(天理)에 따른 인간의 본성에 따라 표현
된 인격미(人格美)를 지닌다.

태평무   한성준 씨의 손녀인 한영숙 씨로 이어진 태평무. 의
   젓하면서도 경쾌하고, 가볍고도 섬세한 발 디딤새가 이 춤
   의 특징이다.

무산향 궁중 정재로서 춘앵전과 더불어 혼자 추는 춤으로 대모반을 놓고 그것을 중심으로 왕래하며 춘다. 궁중 무용은 절제된 동작의 미를 추구하며 선(線)을 중요시한다. 한국 무용의 특징이라 할 수 있는 정중동(靜中動)의 묘미를 내포하고 있다.(위, 아래)

박접무 조선 후기의 순조 때 처음 추어진 것으로 6명의 무원이 "함녕지곡"의 두 곡조
의 반주에 맞추어 춤춘다. 이 춤의 무복에는 범나비를 군데군데 수놓은 점이 특이하
다.(위, 아래)

가인전목단 향악 정재로 화준(花尊)을 가운데에 두고 8명의 무원이 꽃을 향하여 춤을 추는 것이다. 무원이 좌우로 나뉘어 춤추며 나가 모두 손을 여미고 서면 창사(唱辭)를 한다.(위, 아래)

가인전목단　모두 꽃가지를 꺾어 들고 등을 보이기도 하고 혹은 얼굴을 보이며 한번 한삼을 뿌리고 돌면서 춤을 추는 장면이다. 궁중 무용은 엄숙한 분위기에서 추어짐에 따라 무용의 율동 자체가 유현한 정신과 무한한 시간의 흐름 속으로 몰입되는 평안과 고요를 느끼게 한다. 그러면서 질서에 의한 예술 행위 곧 도덕적 행위를 중요시한 다.

의식 무용

의식 무용에는 문묘와 종묘의 제사에서 추는 춤, 불교의 재(齋)
의식에서 추는 춤이 있다. 이 밖에 환구단(天神), 사직단(地神) 제사
에서도 악과 춤이 있었으나 춤은 소멸되고 말았다.

문묘악과 종묘악

문묘악은 중국 주대(周代)에 시작한 것으로 공자나 맹자와 같은
중국의 성현과 우리나라 성현을 제사할 때 추는 춤이며, 종묘악은
조선 왕조의 역대 군왕의 위패를 모시는 제사에 추는 춤이다.

55쪽 사진 문묘악과 종묘악은 문무(文舞)와 무무(武舞)로 나뉜다. 문묘악의
문무는 문인을 위한 것으로 왼손에는 피리를, 오른손에는 꿩깃을
들고 춤을 추며, 무인을 위한 무무는 왼손에는 방패를, 오른손에는
전투용 도끼를 들고 춤을 춘다. 종묘악에서 무무는 앞줄은 목검,
가운데 줄은 목창, 뒷줄은 궁시를 갖고 춘다.

이와 같이 문묘와 종묘 제사에서 추는 춤을 일명 '일무(佾舞)'
라 한다. 이 춤의 특징은 다른 무용에 비하여 그 동작이 단조로우나
감정을 죽이고 묵묵히 추어야 하며, 동작은 무겁고 매듭이 확실하며
팔을 위주로 한 움직임을 하는 것과 악장에 따라 춤사위의 길이가
느리게 또는 빠르게 할 수 있다는 것이 특징이다.

작법

불교 재(齋)의식 때 추는 춤을 '작법(作法)'이라고 한다. 이 춤은
의식을 거행할 때 장중한 범패에 맞추어 동작을 지어 불전(佛前)
56, 57쪽 사진 에 공양을 드리는 춤이다.

작법에는 긴 장삼의 미가 돋보이는 나비춤, 소리를 내는 악기인
바라를 들고 추는 바라춤, 춤을 추며 북을 울리는 법고춤이 있다.

일무(佾舞)　일무 가운데 문무이다. 왼손에는 약(피리)을 들고, 오른손에는 적(꿩깃)을 들고 대열을 이루어 춤을 춘다. 이와 달리 문묘 일무에서의 무무는 왼손에는 간(방패)을, 오른손에는 척(도끼)를 들고 춤추고, 종묘 일무에서의 무무는 오른손에 목창 또는 목검을 들고 춘다.

작법 불교 재의식 때 추는 춤을 작법이라 한다. 나비춤의 한 장면이다.

나비춤　나비 모양의 의상을 입고 추므로 나비춤이라고 부르나 원래의 명칭은 '착복무(着服舞)'라 한다. 이 춤은 범패 홑소리에 맞추어 추거나 태징에만 맞추어 추는 춤도 있고, 반주 없이 추는 춤도 있다. 이 춤의 특징은 빠른 동작을 거의 찾아볼 수 없는 완만하고 조용한 동작이어서 다른 한국 무용에서는 찾아볼 수 없는 느린 춤이다. 종류는 열네 가지가 있으며 동작과 형식은 거의 같다. 나비춤의 목적은 천상천하(天上天下)의 모든 신들과 일체의 만물들 가운데 소생하지 못한 신(神)을 소리로써 불러들여 부처님께 귀의하도록 하는 것이다. 그러므로 속된 감정이나 모든 생각을 버리고 오직 깨끗한 마음으로 추어야 한다.

나비춤　식당작법이라 일컬어온 재에서 행한 것이다. 대중들이 부처님께 식사를 공양하는 의식으로서 부처님의 공덕을 기리고 또한 자신들의 마음 가짐을 다짐하며 이것을 실천 수행(8정도)하고자 하는 데 있다. 그 의식 절차 가운데 한 장면이다.

바라춤　나비춤이 조용하고 장중한 춤이라면 바라춤은 양손에
바라를 들고 빠른 동작으로 전진, 후퇴 또는 회전하며 추는 활달한
춤이다. 이 춤은 악귀를 물리쳐서 마음을 깨끗이 하고, 도를 닦는
장소를 깨끗이 한다는 뜻으로 추는 춤이다.

바라춤　식당작법 가운데 한 장면이다. 이 춤은
엄숙한 마음으로 추어야 하는데 기본 사위로는
바라를 쥐고 배꼽을 중심으로 그대로 머리 위로
들어 올리거나 좌우로 돌리는 것 등이다. 이 바라
춤이 끝나면서 곧 법고춤으로 이어진다.(위, 아
래)

법고춤 식당작법 가운데 하나로 축생의 구제를 위하여 북을 치는 것이다. 이 춤은 북을 때려서 소리를 내는 홍고춤과 법고 치는 동작만을 하는 법고춤이 있다.

법고춤 법고는 대종(大鐘), 목어(木魚), 운판(雲版) 등과 함께 60쪽 사진
불교 사물 가운데 하나이다. 대종은 지옥 중생을, 목어는 수중 중생을, 운판은 허공 중생을 위하여 치는 것이며, 법고는 세상의 축생(일반 동물)을 구제하기 위해 치는 것이다. 법고춤의 종류는 법고를 치는 동작을 주요 내용으로 하는 것을 법고춤, 복잡한 리듬을 주요 내용으로 하는 것을 홍고춤이라 한다. 이 춤들은 대개가 일정한 장단과 리듬 없이 범패를 반주로 하여 춘다. 대개는 법당 안에서 추는 것이어서 조용히 추며, 부처님께 드리는 의식으로서 몸 공양이기 때문에 관중을 의식하지 않고 추는 춤이다.

이러한 춤들은 종교 의식이 수반되어 유현하며 유장하고 심오하다. 특징적 요소는 기복적(祈福的)인 요소와 토속 신앙(土俗信仰)의 혼합 요소가 적고, 단지 순수한 마음의 정화를 위한 춤이기 때문에 춤사위의 종류가 몇 가지 되지 않고 움직이는 형태가 간결하고 평이하다. 출 때는 바닥에 깔려 있는 먼지가 날리지 않을 만큼 곱게 추어야 한다. 장중하고 엄숙하게 움직여지는 동작의 형태는 겸허하고 신비성을 지니고 있고 정중동(靜中動)의 내향적인 양상은 심오한 감정을 풍긴다.

이같이 궁중 무용이나 의식 무용은 대륙으로부터 진취적으로 섭취하였지만 우리의 것으로 재창조하여 성장시켰다. 특히 불교 의식 무용은 발생지인 인도나 중국에서도 이미 소멸되고 오로지 우리만이 지닌 중요한 유산으로 남아 있다.

궁중 무용은 유교적 관념론에 지배되어 형식의 엄격성에 의하여 창조되었다. 게다가 목적이 왕실의 권위 의식을 내세우기 위한 것이었기에 장중하고 우아하며, 장대하게 발전시켜 나갔다. 궁중 무용의 43, 45쪽 사진
대표적인 춘앵무와 처용무가 장중한 춤이라 한다면 의식 무용인 58, 59, 60쪽 사진
나비춤, 바라춤, 법고춤은 심오한 춤이다.

민속 무용

민속 무용은 생산의 직접적인 담당층인 민중의 생활 체험에 그 기반을 두고 있다. 천신제, 지신제, 부락제 등 각종 행사와 대중이 즐기는 세시 풍속 가운데 자연 발생적으로 생겨나고 민중과 밀착되어 이들과 호흡을 같이 하면서 민간 생활에 깊이 뿌리 박고 발달되어 왔다.

63쪽 사진

따라서 민속 무용의 표현 형식은 궁중 무용에서 보이는 고정된 틀의 형태에서 벗어나 민중 생활의 실체를 자유로운 몸짓으로 표현한다. 또 개인의 창의를 바탕으로 현란한 의상이나 방대한 무대 장치가 없이 세련된 동작으로 평민 계급의 소박한 생활 감정을 춤으로 표현한다.

한국 춤의 특징을 우리는 '신명(神明)'의 춤이라 말한다. 이 신명이란 종교적 현상으로 신령과 인간의 일체감이 불러일으키는 영적인 감정 상태를 말하는 것으로, 이러한 일체감을 통해 일반 대중의 고통이나 좌절로 깊이 응어리진 것을 해소시킨다. 이 신명은 민중의 생활을 표현한 예술의 원천으로서 삶의 비극을 희극적인 것으로 해체시켜 어둠에서 빛의 세계로, 눈물에서 웃음으로 나아가는 충동으로 이루어진다.

이와 같이 신명의 춤인 민속 무용은 실제 생활 속에서 우러난 것이기 때문에 누구나 쉽게 춤을 출 수 있고, 즐길 수 있다. 민속 무용의 대표적인 것으로는 살풀이, 승무, 강강술래, 농악, 무속춤 등이 있다.

65, 68, 73쪽 사진

봄처녀 1930년대에 김민자 씨가 안무한 작품을 1985년 제1회 한국무용제전 때에 손경순이 재연한 것이다.(오른쪽)

살풀이춤

살풀이춤은 무속 의식에서 "액을 풀어낸다"는 뜻으로 무속에서 파생된 듯하다. 이것은 무속 음악 가운데 살풀이라는 남도 무악 장단에 맞추어 추는 춤으로 오늘날 상연되고 있는 한국 무용 가운데 오랜 역사와 함께 전국적으로 광범위한 분포를 지니고 전승된 것 가운데 하나이다.

무속에 기원을 두고 무당들이 신을 접하기 위한 수단으로 행해졌던 살풀이춤은 훗날 광대나 기생들에 의해 춤의 내용이 한층 예술적으로 다듬어져 아름다운 기법과 형식으로 발달하여 기방 무용으로 계승 발전되었다.

66, 67쪽 사진

살풀이가 무용의 이름으로 남겨진 것은 1930년대 한성준 씨가 '조선 음악 무용 연구소'를 설립하고 1936년 무용 발표회 때 '살풀이 춤'이라는 명칭을 쓴 기록이 처음이다. 그 뒤 무용수의 개성에 따라 독특한 수법으로 다듬어져 현재에 이른다.

이 살풀이춤은 고운 머리에 비녀를 꽂고, 흰 저고리와 치마에 버선 그리고 옷고름이 늘어진 복장에다 하얀 수건을 가지고 추는 춤이다. 이 수건을 오른팔, 왼팔에 옮기고, 또 던져서 자리에 떨어뜨린 뒤 몸을 굽혀 엎드려서 수건을 어르고 그 다음에 집어들고 일어서서 빠른 장단에 맞추어 공간에 수건을 휘날리며 추는 정중동(靜中動)의 미가 극치를 이루는 신비스럽고도 환상적인 춤이다.

65쪽 사진

몹시 긴장된 듯하다가 폭풍처럼 힘이 터져 나오는 듯하며 의식을 집행하는 것 같은 형식을 통해 감정이 표출된다. 발 동작은 아주 고결하면서 온누리를 세밀히 다지는 듯하다. 이는 대접을 받지 못하는 여기(기생)들의 한과 슬픔의 생활을 환희의 세계로 승화시키는 인간 본연의 이중 감정을 표현한다. 신명의 춤으로서 살풀이는 춤의 황홀경에서 세속적인 속박들을 끊어 버리게 하여 자신이 모든 세계와 어우러져 있음을 느끼게 해주는 것이다.

살풀이 이 춤은 남도 무악인 시나위를 반주로 하는데 춤의 형태에서 종교성을 찾을 수는 없다. 오히려 민속 무용 가운데 유일한 홀춤인 허튼춤이 미화된 것이라고 볼 수 있다. 이매방.(위, 아래)

도살풀이 '도당 살풀이'라는 말을 줄인 것으로 민속 무용의 한 분류이다. 살풀이춤의 원형으로 자연스럽고 소박한 삶의 깊은 뜻을 표현한다. 긴 수건이 공간에서 그리는 형태는 화폭과도 같다. 김숙자. (왼쪽, 오른쪽)

승무

69쪽 사진

승무의 구성은 예술 본연의 내면적인 상을 그린 무용의 정수로서 멋의 절정을 자아낸다.

긴 소매가 마치 날개, 연, 또는 구름처럼 보이다가 나중에 북채를 빼고 점점 동작이 빨라져 마치 몸 주위에 뿌연 성운을 만들어 내는 것 같은 아름다움의 극치를 보여 준다.

이 승무의 유래에는 여러 가지 설이 있다. 석가께서 영취산에서 「법화경」을 설법할 때 천사색(天四色)의 채화(彩花)를 내리니 가섭이 알아차리고 빙긋이 웃으며 춤을 춘 것을 후에 승려들이 이를 모방하였다는 설이 있다. 또 중국의 조자건이 천태산에 오르자 범천(梵天)에서 오묘한 소리가 났는데, 그 소리에 고기떼가 춤을 추므로 그 소리를 모방하여 범패를 짓고 고기떼의 노는 모양을 본떠 춤을 만들어서 승무가 불교 의식에서 나왔다는 설이 있다. 또 다른 설은 황진이가 지족선사를 유혹하여 파계시키기 위해서 무작을 했다는 설이 있으며, 김만중의 소설 「구운몽」의 내용 가운데 육관대사의 제자 성진(性眞)이 길을 가다가 8선녀가 노는 광경을 보고 승무를 춤으로써 인간으로서의 괴로운 연정을 불법에 귀의시켜 법열을 느낄 수 있었다는 설 등이다.

70, 71, 72쪽 사진

승무가 처음 무대에 오른 것은 민속 무용의 대가인 한성준 씨의 원각사 공연에서이다. 승무의 형식은 무복과 장삼의 율동 그리고 북놀이로 되어 있는데 이것들의 조화 속에서 승무의 어두운 면과 밝은 면이 복합되어 있음을 알 수 있다. 고뇌는 고뇌로 그치는 것이 아니라 희망을 안고 앞날을 기원하며 한의 비탈을 넘어서 장삼이 가지는 기개로써 자유와 영원을 희원하는 춤임을 깨닫게 된다. 따라서 승무는 인간 본연의 애정과 낭만의 표현인 동시에 인간의 희비를 높은 차원에서 극복하고 승화시킨 이지적인 춤이라 할 수 있다. 오늘날 전하는 승무는 크게 경기형과 호남형으로 구분한다.

승무 불교의 영향을 받은 우리나라 대표적인 춤 가운데 하나가 승무이다. 이 춤은 경기형과 호남형이 대표되는데 이매방류는 호남형이다. 중요무형문화재 제27호로 지정되었다.

승무 승무가 처음 무대에 오른 것은 민속 무용의 대가인 한성준 씨의 원각사 공연에서이다. 한영숙 씨의 승무는 경기형으로 한성준 씨가 창작한 것이다.

승무 승무에서 북은 매우 중요한
무구로 인간적인 고뇌, 환희,
한 등을 나타내는 기능을 갖고
있다. 이매방의 승무 가운데
법고 치는 장면이다.

장삼으로 표출되는 자유와 구원
의 춤으로 민속 무용의 모든
춤사위가 포함되어 있어 가장
어려운 춤 가운데 하나이다.
한영숙.

강강술래

우리나라 세시 풍속에 따른 행사의 놀이로는 정월 영남 지방의 지신밟기와 경기도 일대의 답교놀이, 음력 8월 15일 한가위에 하는 강강술래 등이 있다.

강강술래는 호남 지방의 집단 무용으로 먼 삼한시대의 국중 대회인 제천 의식에서 5월의 기풍제와 10월의 추수 감사제를 행한 집단 원무에서 유래한다.

강강술래의 어원은 '강'이 '원(圓)'을 뜻하고 '술래'는 '둘레'라는 뜻으로 "주위를 경계하라"는 의미를 지닌다.

이러한 어원과도 같이 이 춤의 발생이 임진왜란 때 왜군에게 아군의 군세가 크다는 것을 보이기 위한 부녀자들의 군무에서 시작하였다는 일설이 있다.

이 춤은 주로 원형으로 이루어져 있으며 춤과 노래와 오락의 총체적인 춤으로 놀이성이 강하다.   74쪽 사진

하체 중심의 역동적인 율동으로 달 자체가 가지고 있는 재생력으로 말미암아 풍성한 수확을 기원하고자 하는 뜻에서 만월(滿月)을 의미하는 큰 원형을 이루며 진행한다.   75쪽 사진

강강술래 우리나라 부녀자들의 대표적인 집단 무용으로 한가위와 대보름에 행해지는 세시 풍속 가운데 하나이다.

놋다리밟기 강강술래 가운데 한 장면이다. 대보름날 다리를 밟으면 모든 액을 밟고 지나간다는 의미로 연희된 것이다. 강강술래는 호남 지방의 집단 무용으로 삼한시대의 국중 대회인 제천 의식에서 5월의 기풍제와 10월의 추수 감사제를 행한 집단 원무에서 유래한다.

강강술래 이 춤은 주로 원형으로 이루어져 있으며 춤과 노래와 오락의 총체적인 춤으
로 놀이성이 강하다. 하체 중심의 역동적인 율동으로 달 자체가 가지고 있는 재생력
으로 말미암아 풍성한 수확을 기원하고자 하는 뜻에서 만월을 의미하는 큰 원형을
이루며 진행한다.

농악

농악은 우리나라 춤 가운데 가장 오랜 역사를 가지고 있을 뿐만 아니라 우리 민족의 심성이 가장 잘 표현되어 있는 춤이다. 다만 농악이라는 명칭이 어느 때부터 나왔는지 구체적으로 알려지지 않았으나 아마 궁중악(宮中樂)이 왕성할 때 정악(正樂)과 구분하기 위하여 "농사꾼이 하는 음악"이라는 뜻에서 이름지어진 것으로 보인다. 그러나 일정 때 국악(國樂)의 정리 과정에서 이름지어진 것이 아닌가 생각되기도 한다.

오늘날은 꽹과리 치고 장고 치며 노는 것을 농악이라 부르는데 옛날에는 농악을 가리켜 '풍물' '풍장' '사물' '매구' '두레' '걸궁' '걸립' 등으로 불렀다.

농악의 기원은 노동설(勞動說)과 제의설(祭儀說)의 두 가지로 집약된다. 노동설은 농악이 농경 의례 곧 생산과 풍요 의식에서 비롯되었다는 설이고, 제의설은 농악이 제천 의식인 소도(蘇塗)의 제사에서 비롯되었다는 설이다.

77쪽 사진

꽹과리, 징, 장고, 소고라는 타악기로 이루어지는 농악은 꽹과리의 쇳가락이 음악의 단위가 되어 가락의 변화를 주도하면서 흥겨운 가락을 연주하므로 모든 농악꾼들은 누구나 할 것 없이 춤을 추게

78쪽 사진

된다. 그러나 이들 춤 가운데 가장 보편화되어 있고 예술성을 짙게 나타내는 춤은 쇠꾼이 추는 부포놀음과 장구잡이들이 추는 설장구 춤, 북꾼들의 춤, 소고잡이가 추는 긴 춤과 채상모놀이춤 등이 있다. 농악의 춤은 상모놀이를 위주로 한 윗놀이춤과 손짓, 발짓을 다양하게 움직이는 밑놀이춤으로 나뉘는데 윗놀이춤은 빠른 춤이기에 전투적인 춤이라 할 수 있고 밑놀이춤은 느린 춤으로 멋이 있고 낙천적이며 의젓한 춤이다.

이러한 춤을 통해 민중적 의지와 미감에서 나온 구수한 멋, 풍자적인 멋, 시원스러운 멋, 아기자기한 멋, 투박스러운 멋 등이 흥겨운

농악 꽹과리, 징, 장고, 북, 소고라는 타악기로 이루어지는 농악은 꽹과리의 쇳가락이
음악의 단위가 되어 가락의 변화를 주도하면서 흥겨운 가락을 연주하므로 모든 농악
꾼들은 누구나 할 것 없이 춤을 추게 된다.

가락에 흘러나오는 것을 느낄 수 있다.

농악의 내용은 그 연희 목적에 따라, 토착 신앙과 결부되어 마을 79쪽 사진
의 안녕과 주민의 평안을 기원하는 축원 농악, 농민들이 노동의
고달픔을 잊고 일의 능률을 도모하기 위한 노작 농악, 전문적인
직업 농악단이 마을을 돌아다니면서 걸립을 하는 걸립 농악 그리고
마을 사람들의 친목이나 단합을 위해 예술적인 연기를 보여 주는
연희 농악 등으로 분류될 수 있다.

사물의 악기 반주에 맞추어 하는 농악의 가장 기초가 되는 목적은
나쁜 귀신을 쫓고 좋은 일을 맞이하는 것이다. 이러한 종교 의식에
서 생겨나, 농업 생산 현장에서 그 노동을 돕는 노동무로서 풍성한
생산을 기리고, 공동체적인 연대감을 높이기 위한 축제로 확대되면
서 발전한 것이 오늘날의 농악이다.

농악 농악의 춤 가운데 가장 보편화되어 있고 예술성을 짙게 나타내는 춤은 쇠꾼이 추는 부포놀음과 장구잡이들이 추는 설장구춤, 북꾼들의 춤, 소고잡이가 추는 긴 춤과 채상모놀이춤 등이 있다.

농악 농악의 내용은 연회 목적에 따라 토착 신앙과 결부되어 마을의 안녕과 주민의 평안을 기원하는 축원 농악, 농민들이 노동의 고달픔을 잊고 일의 능률을 도모하기 위한 노작 농악, 전문적인 직업 농악단이 마을을 돌아다니면서 걸립을 하는 걸립 농악 그리고 마을 사람들의 친목이나 단합을 위해 예술적인 연기를 보여 주는 연회 농악 등으로 분류될 수 있다. 삶의 현장에서 추어지던 농악이 무대로 옮겨지면서 좀더 구조적이고 기교적으로 세련되어 음악과 무용의 다양함을 추구하게 되었다.

무속 무용

굿은 원시시대 곧 기원전 3,4세기경부터 자연 발생하여 독특한 종합 예술의 형태를 지켜 왔다. 이 의식은 우리나라 전통 예술의 발상이 되었던 것으로서 시대의 흐름에 따라 미술(衣裳), 문학(巫歌), 음악(唱), 춤(舞踊) 등으로 분화되어 발전되었다.

현재 남아 있는 굿은 각 도마다 나름대로의 특성이 있다. 동해안 일대에서는 '별신굿', 서울을 비롯한 경기 지방에서는 '도당굿'과 '대동굿', 제주도 지방에서는 '당굿', 전라도 일원에서는 '씻김굿', 충청도 지방에서는 '양반굿'(앉은뱅이굿) 등으로 크게 나눈다. 이들 굿을 진행하는 것은 대부분 세습무로 가무(歌舞)를 중심으로 하는 것이 특징이다.

한민족은 원시시대부터 신앙을 가지게 되었는데, 그 신앙은 자연 숭배에서 비롯된 것이었다. 대자연의 신비스러운 변화에 정령(精靈)이 있다고 생각하여 일월성신(日月星辰)이나 기암대수(奇巖大樹)에 공물과 동물을 제물로 바쳐서 재화의 퇴치나 안심과 환희의 생활을 구하기 위해 치제한 것이 무속 신앙의 기원이다.

이 신앙이 단순 전형(單純典型)으로서 민간에 정신적 지주가 되기 시작한 것은 부족국가시대인 것으로 짐작된다. 곧 그 기원은 단군 신시(神市)에서 비롯되었다 할 수 있다. 인간이 성립한 국가의 초기에는 부족장에 의해 제정 일치 시대가 이룩되었으므로 의식은 축술과 가무로 진행되었고 복을 불러들이고 재앙을 물리치는 데에 목적을 두었다.

무속(巫俗)의 오락적 기능을 근거로 농경 의식에서의 지신밟기, 부락제에서의 진혼(鎭魂) 무용, 또 민요로 형성된 강강술래 등이 파생된 것으로 짐작된다. 지신밟기는 일명 매귀(埋鬼)굿이라고도 하는데 농악을 울리면서 집집을 돌며 마당에서 귀신을 쫓는 마당굿을 한다든가 논밭에 나가 답무(踏舞)한다. 이것은 지반(地盤)을

탈춤 사람이 탈을 쓰는 목적 가운데 가장 오래된 것은 주술의 기능이
다. 탈춤은 예능이기 이전에 주술 종교적인 행사로서 치러졌다.

탈춤의 정의

탈춤은 우리나라 고유의 것이 아니라 신라시대에 서역에서 들어와 향토적으로 동화를 이룬 오기(五伎)와 백제 사람 미마지가 오나라에서 배워 온 기악무에 기원을 두고 있다. 조선시대에 '나례도감'이 설치되어 탈춤을 관할하였으나 조선 인조 때 폐지되면서 광대들이 각 지방에 분포되어 산대놀음으로 생활을 삼고 각 지방의 특유한 가면극을 이루어 내었다.

산대란 큰 길가나 빈 터에 대를 높이 하여 그 위에서 연극을 하는 임시 무대를 말하며, 산대도감은 나례도감처럼 관가에 소속되지 못한 조직을 '도감'으로 부른 것이다.

탈춤은 탈을 쓰고 춤을 추면서 공연하는 연극이다. 가면극이라는 말도 쓰고 있으나 실제 놀이를 하는 사람들은 예부터 탈춤이라 통칭해 왔다.

지역적인 특성과 발생 계통에 따라 여러 형태로 발달해 온 탈춤은 그 내용과 놀이꾼의 성격에 따라 크게 세 가지 유형으로 구분된다. 무당굿에 보이는 원시적인 벽사(辟邪)의 탈춤과 각 마을 단위로 하던 마을 탈춤 그리고 유랑인들이 추던 탈춤 등이 그것이다.

탈춤의 기능

사람이 탈을 쓰는 목적 가운데 가장 오래된 것은 주술(呪術)의 기능이다. 탈춤은 예능이기 이전에 주술 종교적인 행사로서 치러지던 것이다.

85쪽 사진

재앙이나 병을 가져오는 악신이나 역신을 쫓기 위해 그보다 더 무서운 귀신의 힘을 빌려야 한다는 신앙에서 무서운 탈을 쓰고 종교의식을 치른 것으로 추측된다. 이같이 잡귀를 몰아내고 복을 맞이하기 위해 놀던 벽사 탈춤은 지금도 경기도, 황해도, 제주도 등의 무당굿에서 찾아볼 수 있다.

현지 주민들에 의해 자연 발생적으로 발생한 마을 탈춤은 두레패적인 탈춤이다. 이 탈춤은 일상 생활과 밀착되어 있어 비전문적이나 대동 놀이적인 성격이 짙다. 농경 사회에서 풍년을 비는 집단적인 마을 굿에 기원을 두고 마을 행사의 하나로서 출발한 이 탈춤은, 조선 후기에 도시가 성립되자 농촌 탈춤에서 도시 탈춤으로 변모되거나 농악의 잡색(雜色) 놀이로 남게 되었다.

탈춤의 종류

현존하는 대부분의 탈춤은 강릉 단오굿의 관놀음이나 하회 별신굿 등과 같이 대륙 전래의 것 이전의 토착적인 탈춤을 제외하고는 거의 도시형이다. 이들을 지방별로 구분해 보면 서울을 중심으로 한 경기 일원의 산대놀이, 황해도를 중심으로 한 해서 지방 탈춤 그리고 낙동강을 중심으로 그 동쪽 부산 일원의 들놀음과 서쪽 경남 일원의 오광대 등으로 분류된다.

송파 산대놀이 탈춤의 공통적 내용으로 사회의 부도덕성을 고발, 파계승에 대한 비방과 풍자를 포함한다. 노장이 애사당을 유혹하는 장면이다.

이를 다시 유형별로 구분하면 두레패적인 탈춤으로 강릉 단오굿의 관놀음과 하회 별신굿, 북청 사자놀음 등의 농촌형 탈춤과 중부 지방의 양주 별산대놀이, 송파 산대놀이, 해서 지방의 봉산탈춤, 강령탈춤, 은율탈춤, 남부 지방의 수령 들놀음 그리고 고성 오광대나 통영 오광대, 가산 오광대 등의 도시형 탈춤이 있다.

우리나라 탈춤은 동양의 전통극이 그러하듯이 재담(대사) 위주의 전개 방식이 아닌 가무적인 요소가 특히 우세하여 원초적인 놀이성을 강조하는 독특한 연출법을 갖고 있다.

곧 음악 반주에 춤이 주가 되고, 노래가 따르는 가무적 부분과 거기에 묵극적 몸짓과 덕담, 재담이라고 하는 사설(대사가 따르는 연극) 부분으로 구성된다.

또한 사건의 발단, 전개, 전환, 대단원으로 이어지는 합리적인 서구 연극 개념으로는 설명될 수 없는 희극적 갈등 구조로 구성되어 있다. 다시 말하면 하나의 탈춤도 여러 가지 서로 다른 주제를 다루는 개별적인 마당으로 구성됨으로써 다양하고 복합적인 요소를 함께 보여 준다.

89쪽 사진

탈춤은 탈이 갖는 은폐성, 상징성, 전형성, 표현성을 이용하여 일반 서민의 건강한 삶을 거리낌없이 표현하고 있다. 파계승을 등장시켜 형식 도덕의 추악함을 꼬집고 몰락 양반을 등장시켜 지배 계층의 비리를 마구 공격하는가 하면 그들 스스로의 삶의 소중함과 애욕마저도 각종 뜨내기를 등장시켜 폭로하기도 한다.

98쪽 사진

따라서 탈춤의 공통적인 내용은 사회의 부도덕을 고발하고 양반 계급을 야유하며 승려들의 파계를 비난하고, 축첩 관계를 도덕적으로 풍자하는 등 민중의 불만을 표현하고, 인간 사회의 잡다한 사상을 해학적, 풍자적으로 다루어 사람을 웃기고 울리는 것이 대부분이다.

탈 탈춤은 탈이 갖는 은폐성, 상징성, 전형성, 표현성을 이용하여 일반 서민의 건강한 삶을 거리낌없이 표현하고 있다. 한국의 탈은 자연미를 살린 보다 인간적이며 서민의 생활 감정을 그대로 표현하는 해학과 담백함을 지니고 있다.

탈 양주 별산대놀이의 상좌탈이다. 탈춤은 파계승을 등장시켜 형식 도덕의 추악함을 꼬집고, 몰락 양반을 등장시켜 지배 계층의 비리를 마구 공격하는가 하면 그들 스스로의 삶의 소중함과 애욕마저도 각종 뜨내기를 등장시켜 폭로하기도 한다.

탈 탈춤의 공통적인 내용은 사회의 부도덕을 고발하고 양반 계급을 야유하며 승려들의 파계를 비난하고, 축첩 관계를 도덕적으로 풍자하는 등 민중의 불만을 표현하고, 인간 사회의 잡다한 사상을 해학적, 풍자적으로 다루어 사람을 웃기고 울리는 것이 대부분이다. 인간성을 보이면서도 해학과 풍자를 담은 양주 별산대놀이의 탈이다. (왼쪽, 오른쪽)

하회가면 위는 부네탈로 중간적 표정이 특징이며 반안과 반개의 입으로 안면 근육도 이에 조화되어 표정의 변화를 가져온다. 오른쪽은 하회 별신굿에 쓰이는 여러 종류의 탈들이다. 이들은 예능 가면으로 가장 오래된 것이다. 국보 121호.

탈춤의 형태

지역별로 구분하여 서울을 중심으로 중부형과 북쪽 황해도를 중심으로 한 해서 지방의 탈춤인 해서형 그리고 남쪽인 낙동강을 중심으로 한 경남형 그리고 대륙 전래의 것 이전의 토착적인 굿에서 유래한 탈춤으로 분류된다.

95, 96쪽 사진

중부형 비교적 섬세한 맛이 있고 일정한 형식도 갖추었다. 경기도 사람다운 차분한 기질이 드러나며 궁중무의 영향을 받았다. 산대춤은 특히 몸짓의 연극적 요소가 정형화되어 있고 손을 내놓고 추기 때문에 주로 손짓으로 된 춤사위가 많으며 매듭이 확실한 타령 장단을 쓰므로 동작 하나하나가 매듭춤으로 되어 있는 것이 특징이다.

98쪽 사진

해서형 북방계의 영향을 받아 한삼의 휘돌림과 힘찬 도약무로 짜여 있으며 여느 지방의 춤보다 폭이 커서 쾌활하고 마치 귀신을 쫓아내는 듯한 전투 무용의 성격을 띠고 있다. 주된 춤사위도 '외사위' '곱사위' '양사위' '만사위' '불림' '고개잡이' '다리들기' '제자리걸음' '연풍대' '까치걸음' 등이 주축이 되어 있는데 춤사위는 봉산, 강령, 은율 등 세 지방의 춤이 거의 같다.

봉산탈춤은 깨끼춤을 주로 하고 잦은 걸음과 춤사위 연결이 다양할 뿐만 아니라 동작이 비교적 화려하다. 거기에 비하여 강령탈춤은 장삼을 머리 위에서 휘감고 뿌리는 동작, '말뚝이' 과장에서 곤장을 들고 도도리 장단에 맞추어 추는 것, '취발이' 과장에서 앉고 서로 뛰는 동작 그리고 춤사위가 비교적 단순하면서도 오히려 무폭은 봉산탈춤보다 크다는 것이 특징이다. 또 은율탈춤에서는 고개놀음이 없고 '떡매사위' '모름사위' '도는사위' '엎을사위' 등이 있는 것이 특이하다.

경남형 남부 지방의 들놀음이나 오광대춤을 현지인들은 덧뵈기춤 또는 배김새춤이라 부르기도 한다. 덧뵈기의 어원은 사람에 따라 일정하지 않으나 '장단을 배긴다' '장단을 메긴다' 또는 '힘차게 박는

양주 별산대놀이　제5과장의 애사당 북놀이에 등장한 왜장녀. 허리가 드러난 부인복에 배를 내놓고 미친듯이 날뛰는 춤인 배꼽춤이다.

송파 산대놀이 제5과장으로 노장이 소무를 유혹하는 장면이다. 산대춤은 몸짓의 연극
적 요소가 정형화되어 있고 손을 내놓고 추기 때문에 주로 손짓으로 된 춤사위가
많으며, 매듭이 확실한 타령 장단을 쓰므로 동작 하나하나가 매듭춤으로 되어 있는
것이 특징이다.(위, 아래)

춤은 다른 어떤 예술보다도 훨씬 포괄적이며 인간 생활의 모든 면과 결합되어 왔다. 한국 춤의 정신은 동양의 종교와 철학을 밑거름으로 하고 있고, 또한 무아의 경지에서 우러나오는 대자연의 율조에 의해 생성되어진 원천적으로 심오한 정신적 배경을 지니고 있다. 상고시대의 무격 사상과 민간 신앙 숭배 사상 속에서 다시 유불선 사상을 가미함으로써 형식과 내용에 많은 변화를 가져왔으며, 대륙의 무악을 진취적으로 섭취하였으되 완전한 우리의 것으로 재창조하여 성장시켰고 섬세하면서도 가장 풍류적으로 승화시키려 하였다.

삶의 경험과 생활에서 느끼는 감흥과 신명의 집약된 표현이 무용 예술이라 한다면, 우리의 춤은 노동과 예술의 근원적인 일치라는 세계 보편적인 특성을 지니고 있다. 일이나 굿, 놀이, 연극을 하나의 총체적인 것으로 모으는 연결의 고리라 할 수 있다. 다시 말해서 흩어져 있는 인간의 활동을 하나로 모으는 역할을 하는 것이다. 춤사위 하나하나에 힘이 응축되어 있고 또한 구성에서도 힘을 응축시키는 형식으로 절대 힘을 밖으로 분산시키지 않는다는 것이다.

또한 한국 춤은 "정적이다" "한을 표현한다"라고 하는데 이것은 일면만을 지적한 것에 지나지 않는다. 한국 춤에는 표현의 정확성과 자유 분방함과 역동성이 있다. 이것은 일상 생활의 자유로운 생활 감정에서 우러난 고요한 역동성이다. 이러한 고요한 역동성은 "장단을 먹어 주는" 대목에서 맺힌 것을 풀어 주는 이완일 경우도 있고 풀린 것을 맺어 주는 긴장일 경우도 있다. 긴장과 이완을 적절히 배합하여 맺고 풀고 어르고 당기는 데에 한국 춤의 묘미가 있다. 또한 이렇게 맺고 푸는 연결점의 고리 역할을 더욱 극대화시키면서도 좀더 자유 분방한 경우가 있는데 엇박을 타는 대목이 그러하다. 이것은 엄정한 질서 속에서의 일탈이며 평상적인 흐름에서의 파격이다. 있는 것을 그대로 두면서 전체를 한번 바꿔 놓는 은근한 바꿈

102쪽 사진

한량무 한국 춤에는 표현의
정확성과 자유 분방함과
역동성이 있다. 이것은
일상 생활의 자유로운 생활
감정에서 우러난 고요한
역동성이다. 사진은 한량무
의 한 장면이다.

이다. 꾸밈은 꾸밈이되 인위적인 것을 거부하는 꾸밈 속에서 새로운
일상성으로 되돌아오는 것이다. 이러한 자연스러운 파격에서부터
한국적 해학은 비롯되고, 푸근한 웃음은 한국 예술 전반에 걸쳐
두루 보인다. 한국 춤의 특성은 기와지붕, 버선발, 소맷자락, 자연
풍경, 향토길 등의 선에서 보이듯 이 한국의 자연 속에서 살아온
한국적 삶의 자연 합일을 대변해 준다.

　한국의 자연주의는 일상성의 일탈을 일상화하여 자연 속에 되돌
려 놓은 데서 온다. 무기교의 기교, 무계획의 계획, 구수한 멋과 흥의
춤은 일상성의 자연스런 파격이며 그것은 제멋대로의 것이어서
강한 개성의 발휘이다. 한국인의 미적 심정에는 일회성이 강조되어
있다. 같은 음악, 같은 춤을 공연하더라도 할 때마다 조금씩 다르
다. 춤추는 사람과 악기 연주하는 사람이 서로 마주 보이는 곳에서
호흡을 같이 해야 흥청대는 한판이 어우러지는 것이다. 여기서 역동
성이 나타나고 현장적인 즉흥성이 극치를 이룬다. 이러한 특성은

자연 과학적 사실 논리를 바탕으로 하되 일차적인 경험 과학을 뛰어넘어 초월적인 이상 세계로 나아감으로써 놀이 충동을 충족시켜준다. 따라서 한국 춤의 춤사위는 모두 우주를 포용하는 원을 이루는 선이 대부분이고 정중동의 높은 경지이다. 움직이는 율동 속에 숙연한 멈춤이 있고 그 멈춤 속에 또 발랄한 율동이 있는 묘미가 바로 그것이다. 그것은 수많은 움직임을 하나의 움직임으로 집중하여 완결시킨 경지로 춤 한 가락은 모든 삶을 응축시킨 것이다. 이는 춤이 동작과 육체에만 있지 않고 더욱 높은 세계에 자리잡고 있다는 증거이다.

이처럼 한국 춤의 경우에 아무리 탁월한 젊은 무용수의 재기에

긴장과 이완을 적절히 배합하여 맺고 풀고 어르고 당기는 데에 한국 춤의 묘미가 있다.

찬 춤도 노인의 춤 한 가락에 당하지 못하는 것처럼, 춤추는 이는 물론 보는 이까지도 어떤 정신적 깊이에 도달해 있지 않고서는 제대로 출 수도 없고 제대로 감상할 수도 없다.

우리 민족의 정신적 기조는 땅에 대한 집착으로 하늘을 우러러보는 가운데서 찾아볼 수 있다. 상고시대의 '산신제'나 '성주풀이'라는 전통적 제사들에서 땅에 대한 집착과 씨족에 대한 보존 의식이 컸음을 알 수 있고, 또한 하늘이니 해니 하는 것을 천(天)이라 하면서 통치자를 하늘이라 믿게 하였다. 한국의 무용은 이러한 정신적 기조

87쪽 사진
58, 59쪽 사진

에서 자라온 것이다. 가면무극이나 신비에 찬 무격무, 중생 제도를 표방하고 있는 작법이나 홍을 담은 광대, 사당패, 기녀들의 춤에서

산조 우리 민족이 이어온 허튼춤이 미화되어 산조 반주 음악에 맞추어 한층 예술적으로 다듬어진 춤이다. 김진걸.

우아와 장중의 멋을 지닌 궁중 무용에 이르기까지 땅에 굳건한 뿌리를 두고 땅을 다진 뒤에 점차 하늘로 비상해 가는 것으로 우리 춤은 천상을 지향한다.

우리 춤이 지닌 아름다움의 원천이 되는 기초 원리는 버선발의 사뿐한 디딤새에서부터 시작되며, 춤출 때의 감정은 땅바닥에서 헤매는 한 인간이 아니라 하늘 높이 날고 있는 학이나 백조의 세계를 생각하게 된다. 특히 여성 춤을 보면 긴 치마 속에 발이 깊이 감춰지는데 이것은 발과 땅의 밀착이 아니라 오히려 발을 무시한 천상의 형태, 발을 감추고 나는 새의 형태로 해석되며 자연과 밀착, 동화되어 합일한다고 할 수 있다.

산조 진양, 중모리, 중중모리, 휘모리, 단모리의 가락에 맞추어 섬세하고 멋있는 춤사위로 지방에서 추어지던 것이 무대로 옮겨져 한층 예술성을 돋보이게 한다. 김백봉.

주된 특징은 내면에서 우러나오는 힘을 이용하여 흥과 한이 어우러져 죄고 푸는, 긴장과 이완이라고 말할 수 있다. 긴장과 이완은 한국 춤의 묘미이며 춤사위의 한 가락 속에서도 찾아볼 수 있지만 한 작품의 진행 절차상 그 골격을 이룰 수도 있다. 꾸밈이 있으되 그것이 감각적이고 섬세한 표출이라기보다 유연하고 유장하며 우아하고 아름다운 자연스런 율동으로 이루는 무기교적 기교의 극치가 또한 한국 무용의 특징이라 할 수 있다.

이와 같은 한국 무용은 또한 누구나 춤을 출 수 있다는 가장 인본적인 면을 지니고 있다. 이러한 인본적인 면은 예술가와 관중 사이의 인간적 신뢰감은 물론 미적 공감대를 굳게 맺어 주며 단순한 수동적인 감상이 아닌 작품 속에 적극적으로 참여하게 만든다.

춤의 솜씨는 기교 이전에 신명이다. 신명만 나면 발짓, 손짓은 저절로 나며 춤은 저절로 추어진다. 예술성이란 생활에서 느끼는 감흥과 신명의 집약된 표현이므로 삶의 경험을 통해서 저절로 무르녹아서 이루어지며 누구나 예술 행위에 능동적으로 참여할 수 있다. 따라서 신명을 타고난 한국인이라면 누구나 쉽게 우리 춤에 접근할 수 있다.

맺음말

모든 예술은 인간과 사회의 관계 속에서, 그 위치한 공간과 시간의 흐름 속에서 싹트는 것이다. 그러므로 일찍이 그것이 생겨난 사회적인 배경을 벗어나서 이룩된 예술은 없었다.

오늘날 우리의 감정과 시대상을 나타내는 무용 예술이 되기 위해서는 한국 무용이 간직하고 있는 순수 예술성을 정립하여 학문적으로 체계화함과 동시에 그 예술성을 공존시켜야 한다.

이를 위해서는 전통에 무작정 안주하거나 무비판적으로 긍정할 것이 아니라 도전적인 실험 방식을 가지고 새로이 접근하며 전통의 재현이 아닌 재창조로서의 한국 춤으로 이어 나가야 한다. 오늘날 전통 무용을 이해하고 재평가하는 것은 오늘을 사는 우리의 삶과 춤이 어떤 정신적 유대로 연결되어 있는가를 파악할 수 있기 때문에 중요하다. 이렇게 함으로써 풍부한 체험을 통한 실존적인 맥락을 찾게 되고 내일의 우리 민족 문화 예술에 대한 무한한 창조가 가능할 것이다.

빛깔있는 책들 101-12

한국의 춤

초판 1쇄 발행 | 1990년 4월 28일
초판 10쇄 발행 | 2003년 9월 30일
재판 1쇄 발행 | 2013년 4월 20일

글 | 김매자
사진 | 조대형
발행인 | 김남석

편 집 이 사 | 김정옥
편집디자인 | 임세희
전   무 | 정만성
영 업 부 장 | 이현석

발행처 | (주)대원사
주   소 | 135-230 서울시 강남구 일원동 642-11 대도빌딩 3층
전   화 | (02)757-6717~6719
팩시밀리 | (02)775-8043
등록번호 | 등록 제3-191호
홈페이지 | www.daewonsa.co.kr

이 책에 실린 글과 사진은 저자와 주식회사 대원사의
동의 없이는 아무도 이용하실 수 없습니다.

값 8,500원

ⓒ Daewonsa Publishing Co., Ltd.
　 Printed In Korea (1990)

ISBN 978-89-369-0012-0

잘못 만들어진 책은 바꾸어 드립니다.

빛깔있는 책들